La gentilezza

è il mio

superpotere

Un libro per bambini sull'empatia, la gentilezza e la compassione

Alicia Ortego

Questo libro è dedicato alle mie amate nonna e madre.
Il loro amore e la loro gentilezza sono stati la mia fonte di ispirazione.
- AO

Sono Luca, un bambino **normale**,
e lui è Teddy, il mio giocattolo **speciale**.

Mi piacciono le torte, i dolci e il **cioccolato**,
ma a volte faccio qualcosa di **sbagliato**.

Ad esempio, ieri, ero di umore **nero**.
E ho fatto una cosa di cui non vado **fiero**.

Ho preso in giro Lisa, per via dei suoi **occhialoni**,
e lei ha pianto fino alla fine delle **lezioni**.

Quando la mamma a casa mi ha **riportato**,
la sua faccia triste ho subito **notato**.

"Tesoro, a scuola hai fatto piangere una **bambina**,
sai che far del male agli altri non è una cosa **carina**?"

"Devi sempre essere gentile" la mamma ha **detto**,
sapevo di aver sbagliato, sentivo un peso sul **petto**.

"Insegnami ad essere gentile!" ho **implorato**,
la mamma mi ha abbracciato, e il mio cuore si è **scaldato**.

"La gentilezza è quando dici una parola **bella**,

aiuti un uccellino, oppure tua **sorella**.

Puoi essere gentile con qualcuno con cui sei **arrabbiato**,

o ancora con qualcuno che è un po' **imbronciato**".

"Sii gentile e rispettoso con chi è più grande di **te**,
sii rispettoso e gentile con chi è più piccolo di **te**.

Gentilezza è quando aiuti chi ha **necessità**,
e gentilezza è quando fai un atto di **bontà**".

Per tutta la notte a quelle parole ho **ripensato**.
Volevo essere gentile, premuroso ed **educato**.

Così, di punto in bianco, senza alcun **ripensamento**,
decisi di esser gentile a partire da quel **momento**.

Quindi, il mattino dopo, per **cominciare**
la mamma per la colazione ho voluto **ringraziare**.

Mi sono tolto il pigiama,
tranquillo e **composto**,

ho rifatto il letto
e rimesso i giochi a **posto**.

Sul bus sono stato il bimbo più bravo che c'è
ho chiesto al nuovo compagno di sedersi
accanto a **me**.

A scuola la sua classe l'ho aiutato a **trovare**
e gli ho detto che su di me può sempre **contare**.

A tutta la mia classe ho detto "**Buongiorno!**"
e ho condiviso le mie penne con chi mi stava **intorno**.

Ho visto Lisa ancora triste per via dell'**accaduto**,
mi sono avvicinato, molto **dispiaciuto**.

"Scusami per ieri", ho detto, rosso in **viso**.
"Non fa niente", ha risposto, facendomi un **sorriso**.

A essere gentile ho provato una bella **sensazione**,
perciò ho continuato anche dopo la **lezione**.

Al parco, all'altalena, in fila mi sono **messo**,
e mi sono sentito proprio fiero di me **stesso**.

Con pazienza e gentilezza, non mi sono **arrabbiato**,
e un bambino che aveva perso la sua palla ho **aiutato**.

Ho raccolto un rifiuto e nel cestino l'ho **gettato**,
e con queste buone azioni il mio cuore si è **illuminato**.

Sono andato con la mamma
al **supermercato**,

e ad aprire la porta
con allegria ho persino **aiutato**.

Abbiamo comprato caramelle a **volontà**,
poi abbiamo aiutato una signora in **difficoltà**.

Ho continuato a essere gentile, con gran **felicità**,
anche con papà che si era addormentato sul **sofà**.

Era troppo stanco per andare nel suo **letto**,
così gli ho portato una coperta e gli ho dato un **bacetto**.

Ad allacciare le scarpe mia sorella ho **aiutato**,
e lei con un bel sorriso mi ha **ringraziato**.

Puoi essere gentile anche col tuo **vicino**,
dandogli un pezzo di torta o un **cioccolatino**.

Io mi sono offerto di annaffiare le sue **piante**,
e sembra che la gentilezza abbia un potere **gigante**!

Non faccio più cose che possono **ferire**,
non prendo in giro gli altri e ho smesso di **mentire**.

Condivido i miei giochi, non sono più **avaro**,
non grido troppo forte e non faccio più **baccano**.

Ad essere gentile anche tu puoi **imparare**,
dai qualcosa agli altri per il solo gusto di **donare**.

Aiutare gli altri è bello, **vedrai**,
se gentile tu sarai, altra gentilezza **riceverai**.

Atti di gentilezza

Un atto casuale di gentilezza è una cortesia inaspettata
e del tutto imprevedibile per la persona che la riceve.
Praticare atti di gentilezza "a casaccio" è una delle attività
più belle che i genitori possano fare con i bambini. È un modo
perfetto per consolidare i legami nella famiglia, è divertente
e insegna ai bambini la compassione e la cura per gli altri.
Tutti gli atti di gentilezza, anche i più piccoli, possono fare
la differenza, soprattutto se fatti con il cuore.

Idee per semplici atti di gentilezza

Lascia un biglietto carino per qualcuno

Fai un complimento

Tieni la porta aperta per qualcuno

Aiuta qualcuno con i compiti o le faccende

Fai dei regalini

Porta la cena a qualcuno

Dona i tuoi vecchi libri

Sorridi

Pulisci la tua camera senza che ti sia chiesto

Dai una caramella all'autista del bus

Di' a qualcuno della famiglia che gli vuoi bene

Aiuta a preparare la cena

Scrivi qui la tua idea per un atto di gentilezza

Vai a gettare la spazzatura

Abbraccia qualcuno di importante per te

Lascia che qualcuno ti superi in qualcosa

Fai volontariato

Ringrazia le persone che ti aiutano

Prepara dei biscotti per i vigili del fuoco o i vigili urbani

Scrivi una lettera di ringraziamento

Nota dell'autrice

Grazie per aver acquistato questo libro e per aver incontrato Luca.
Se ti è piaciuto, mi farebbe molto piacere se lasciassi una recensione
o lo consigliassi a qualcuno.

Visita il mio sito per maggiori informazioni
www.aliciaortego.com

Grazie per il supporto!

- Alicia Ortego

Scansiona questo codice per ottenere un regalo!

SCANSIONAMI

"*Mentre lavoriamo per creare luce per gli altri, illuminiamo naturalmente la nostra strada*".

- Mary Anne Radmacher

Printed in France by Amazon
Brétigny-sur-Orge, FR

19106313R00022